A Garland of Love

A COLLECTION OF
POSY-RING MOTTOES

LONDON
ARTHUR L. HUMPHREYS
1902

'POSIES' are the poetry of posy rings and kisses. They will be found to explain themselves. These couplets are just innocent pretty things to which we might well return. Their composition exercised the wit of many courtly rhymers of the Sixteenth, Seventeenth, and Eighteenth centuries. During many years I have searched for 'posies,' and these are the best which I have found.

A. L. H.

A GARLAND OF LOVE

A · CONSTANT · HEART
WITHIN · A · WOMAN'S · BREST
IS · OPHIRE · GOLD
WITHIN · AN · IVORY · CHEST ·

A · FRIEND · INDEED · IN · TYME · OF
NEED

A · FRIEND · TO · ONE · AS · LIKE · TO
NONE ·

A · FRIEND · TO · THEE · I'LL · EVER
BE ·

POSY-RING MOTTOES

A . HAPPY . BREST
WHERE . LOVE . DOTH . REST

A . HEART . CONTENT
CANNOT . REPENT .

A . HEART . UNITED . TRUE
CONTENTED .

A . KIS . FOR . THIS .

A . LOVEING . WIFE . A . HAPPY
LIFE .

A . LOVING . WIFE . PROLONGETH
LIFE .

POSY-RING MOTTOES

A . MAIDEN . VERTUOUS . CHASTE
   AND . FAIR
IS . A . IEWEL . PAST . COMPARE
AND . SUCH . ARE . YOU . IN . WHOM
   I . FIND
VERTUE . IS . WITH . BEAUTY
   IOYN'D .

A . TOKEN . SENT
WITH . TRUE . INTENT .

A . VIRTUOUS . WIFE . A . HAPPY
   LIFE .

A . VIRTUOUS . WIFE . DOTH
   BANISH . STRIFE .

A . WOMAN . KIND . ALL . JOY . OF
   MIND .

POSY-RING MOTTOES

Accept . of . this . my . heart withall
My . love . is . great . though this . be . small .

❦

After . consent . euer . content .

❦

All . I . refuse . but . thee . I chuse .

❦

Al . myne . shal . be . thyne .

❦

All . perfect . love
is . from . above
the . sight . of . this
deserves . a . kisse .

POSY-RING MOTTOES

ALL · THINE · IS · MINE ·

AND · AS · THIS · ROUND
IS · NOWHERE · FOUND
  TO · FLAW · OR · ELSE · TO · SEVER ·
SO · MAY · OUR · LOVE
AS · ENDLESS · PROVE ·
  AS · PURE · AS · GOLD · FOR · EVER ·

AS · GOD · HATH · KNIT · OUR
  HEARTS · IN · ONE
LET · NOTHING · PART · BUT · DEATH
  ALONE ·

AS · GOD · HATH · MADE · MY
  CHOYCE · IN · THEE
SO · MOVE · THY · HEART · TO
  COMFORT · ME ·

POSY-RING MOTTOES

As . God . saw . fitt . our . knott is . knitt .

❦

As . gold . is . pure . let . love indure .

❦

As . gold . is . pure . so . love is . shure .

❦

As . heaven . our . love . decreed in . heavenly . love . let . us proceed .

❦

As . I . expect . so . let me . find a . faithfull . heart . a . constant . mind .

POSY-RING MOTTOES

As · I · IN · THEE · HAUE · MADE
   MY · CHOYCE
SO · IN · THE · LORD · LET · US
   REIOYCE ·

As · LONG · AS · LIFE · Y^R · LOVING
   · WIFE ·

As · LOVE · HATH · JOYNED · OUR
   HARTS · TOGETHER
SO · NONE · BUT · DEATH · OUR
   HARTS · SHALL · SEVER ·

As · TRUE · TO · LOVE · AS · TURTLE
   DOVE ·

As · TRUE · TO · THEE
AS · THOU · TO · ME ·

POSY-RING MOTTOES

As · trust · bee · just ·

❦

As · you · finde · me · minde · me ·

❦

As · you · now · find · so · judge · me · kind ·

❦

Be · constant · you · for · i · am · trew ·

❦

Be · constant · u · as · i · am · true ·

❦

Be · it · my · fortune · or · my · fault
Love · makes · me · venture · this · assault ·

POSY-RING MOTTOES

BE . KINDE . IN . HARTE .

❦

BE . KIND . TO . ME . I . WILL . TO . THE .

❦

BE . THOU . MINE AS . I . AM . THINE .

❦

BE . TRUE . AS . FAIR . THEN . PAST COMPARE .

❦

BE . TRUE . TO . ME . AS . I . TO . THEE .

❦

BE . TRUE . TO . ME . Y^t . GIVES IT . THEE .

POSY-RING MOTTOES

BE · TRULY · WISE · LEST · DEATH · SURPRISE ·

❦

BEHOLD · THE · ENDE
RATHER · DEATH · THEN · FALS · FAITH ·

❦

BEYOND · THIS · LIFE · LOVE · ME · DEARE · WIFE ·

❦

BODY · AND · MINDE · IN · THEE · I · FINDE ·

❦

BOTH · MUST · BE · ONE · OR · ONE · BE · NONE ·

❦

BOTH · OR · NEITHER · CHUSE · YOU · WHETHER ·

POSY-RING MOTTOES

Bracelets · I'le · give · embrace
lets · ever
Let · partlets · go · for · part
lets · never · ·

Breake · not · thy · vow · to
please · the · eye
But · keepe · thy · love · so · live
and · dye ·

By · cupid's · bow · my · weal
or · woe ·

By · god's · direction
we · joyn · affection ·

POSY-RING MOTTOES

By . this . I . prove . how . much
I . love .

❦

By . this . ring . of . gold
take . me . to . have . and . hold .

❦

Careful . I'le . be . to . comfort
thee .

❦

Come . my . love . if . love . you
grant
what . is . it . that . love . can
want
in . . thee . I . have . sufficient
store
grant . me . thy . love . I . wish
no . more .

POSY-RING MOTTOES

Constant . and . true . I'll . be to . you .

Constant . true . love comes . from . above .

Constant . you . for . I . am true .

Content . indeed . doth . gold exceed .

Contented . with . my . choice .

POSY-RING MOTTOES

Dear . love . of . mine . my
 heart . is . thine .

❦

Dearest . if . I . have . offended
 enjoyn . me . then . some . pen-
 nance . hard
that . my . fault . may . be
 amended
 ere . your . favour . be . de-
 bard
for . if . I . must . pennance . do
 I'le . go . unto . no . saint . but
 you .

❦

Death . never . parts
 such . loving . hearts .

❦

Death . only . partes . two
 loving . heartes .

POSY-RING MOTTOES

Desire . and . deserve .

❦

·Desire . hath . no . rest .

❦

Desire . hath . set . my . heart on . fire .

❦

Desire . like . fire . doth . still aspire .

❦

Desire . not . mee . yᵗ . ioyes . in thee .

POSY-RING MOTTOES

    Diamond
    E merald
    A methyst
    R uby
    E merald
    S apphire
    T opaz.

Direct · our · wayes · lord · all our · dayes ·

Divinely · knit · by · god · are we late · one · now · two · the pledge · you · see ·

Endless · as · this · shall · be our · bliss ·

POSY-RING MOTTOES

Endless . bee . my . love . to thee .

❦

Eternally . my . love . shal be .

❦

Ever . true . my . dear . to . you .

❦

Every . letter . here . doth shew
That . my . heart . is . link't . to you
And . by . this . token . is . exprest
That . you . are . she . whom . I love . best .

POSY-RING MOTTOES

EYE · DOTH · FIND · HEART · DOTH CHOOSE
FAITH · DOTH · BIND · DEATH · DOTH LOSE ·

❦

FAIR · AS · VENUS · AS · DIANA
CHAST · AND · PURE · IS · MY SUSANA ·

❦

FEARE · GOD · AND · LYE · ABED TILL NOONE ·

❦

FEAR · GOD · HONOUR · THE · PRINCE
LYE · STILL · JOAN · AND · DON'T WINCE ·

POSY-RING MOTTOES

Flesh · of · my · flesh · bone · of · my · bone
From · one · made · two · is · two · made · one ·

❦

For · a · kiss · take · this ·

❦

For · one · and · love · some · say · are · blind
I · say · they · see · if · thou · prove · kind ·

❦

God · hath · me · sent · my · hart's · content ·

❦

God · our · love · continue · ever
that · we · in · heaven · may · live · together ·

POSY-RING MOTTOES

G OD . SAW . THEE
MOST . FIT . FOR . ME .

❦

G OD . SEND . HER . ME . MY . WIFE
TO . BE .

❦

G OD . Y^t . HATH . KEPT . THY
HEART . FOR . MEE
GRANT . THAT . OUR . LOVE . MAY
FAITHFULL . BEE .

❦

G OD'S . DIRECTIONS . IOYNED . OUR
AFFECTIONS .

❦

G OD'S . GIFT . THOU . ART . MY
DEAREST . HEART .

POSY-RING MOTTOES

GOD'S . INTENT . NONE . CAN . PREVENT .

GOD'S . WILL . IS . DONE . AND . I HAVE . MINE
MY . HEART'S . AT . REST . IN . HAVING THINE .

GREAT . DUNDEE . FOR . GOD . AND ME .

GREAT . IS . THE . GRIEF . THAT . I SUSTAIN
WHICH . HERE . IS . FIGURED . BY . A FLAME
THAT . DOTH . TORMENT . ME . IN EACH . PART
BUT . CHIEFLY . SEIZETH . ON . MY HEART

POSY-RING MOTTOES

YET . RATHER . THAN . MY . HEART . SHALL . TURN
FROM . MY . FAITH . IN . LOVE . I'LE . BURN .

❦

GREAT . JOYE . IN . THEE . CONTINUALLY .

❦

GRIEVE . NOT . HIS . HEART . WHOSE . JOY . THOU . ART .

❦

HAD . I . NOT . SPOKE . MY . HEART . HAD . BROKE
THE . UTMOST . SCOPE . OF . LOVE . IS HOPE .

POSY-RING MOTTOES

Hand . heart . and . all . I
have . is . thine
Hand . heart . and . all . thou
hast . be . mine .

❦

Happy . in . thee
has . god . made - me .

❦

Hearts . content . can . nere
repent .

❦

Hearts . truly . tied . none
can . divide .

POSY-RING MOTTOES

I . AM . A . PORE . MAIDEN . AND . FAINE . WOULD . MARRY . AND . THE . LACKE . OF . GOODS . IS . THE . CAUSE . THAT . I . TARRY .

I . AM . YOUR . FRIEND . UNTO . THE . END .

I . AM . YOUR . LOTT . REFUSE . ME . NOT .

I . AM . YURES . WHIL . LYFE . ENDURES .

I . BID . ADIEU . TO . ALL . BUT . YOU .

POSY-RING MOTTOES

I . CANNOT . SHOW . THE . LOVE . I OWE .

I . DID . COMMIT . NO . ACT . OF FOLLY
WHEN . I . MARRIED . MY . SWEET MOLLY .

I . DO . OWE . BOTH . LOVE . AND DUTY
TO . YOUR . VERTUE . AND . YOUR BEAUTY .

I . DO . NOT . REPENT . THAT . I GAVE . MY . CONSENT .

POSY-RING MOTTOES

I . DO . REJOYCE . IN . THEE . MY . CHOYCE .

I . FANCY . NONE . BUT . THEE . ALONE .

I . GIVE . IT . THEE
MY . LOVE . TO . BE .

I . GIVE . IT . THEE . TO . THINK . ON . ME .

I . HAUE . OBTAINED . WHOME . GOD . ORDAINED .

POSY-RING MOTTOES

I . JOY . IN . THEE . JOY . THOU . IN ME .

I . JOY . TO . FIND . A . CONSTANT MIND .

I . LIKE . I . LOVE . AS . TURTLE DOVE .

I . LIKE . I . LOVE . I . LIVE . CONTENT
I . MADE . MY . CHOICE . NOT . TO REPENT .

I . LIKE . MY . CHOICE . AND . DO REJOYCE .

POSY-RING MOTTOES

I . LIVE . AND . DY . IN . LOYALTYE .

I . LIVE . IF . AYE . IF . NO . I . DIE .

I . SEEK . TO . BE
NOT . THINE . BUT . THEE .

I . SHALL . IN . THEE . MOST . HAPPY
BE .

I . THAT . CUPID . CALLED . AM
AND . SHALL . NEVER . BE . A . MAN
BUT . AM . STILL . THE . BLINDED
BOY
THAT . BREEDS . LOVERS . MUCH
ANOY

POSY-RING MOTTOES

HAVING · GOTTEN · ON · A · DAY
FROM · MY · MOTHER · LEAVE · TO
 PLAY
AND · OBTAINED · USE · OF · SIGHT
I · IN · WANTONNESE · DID · WRITE
THESE · SAME · POSIES · WHICH · I
 SEND
AND · TO · LOVERS · DO · COMMEND
WHICH · IF · THEY · BE · WRIT · WITHIN
THE · LITTLE · CIRCLE · OF · A · RING
OR · BE · SENT · UNTO · YOUR · LOVES
WITH · FINE · HANDKERCHERS
 AND · GLOVES
I · DO · KNOW · THAT · LIKE · MY
 DART
THEY · HAVE · POWER · TO · WOUND
 THE · HEART
FOR · INSTEAD · OF · FLOWERS · AND
 ROSES
HERE · ARE · WORDS · BOUND · UP
 IN · POSIES ·

POSY-RING MOTTOES

I . WILL . BE . TRUE
ALWAYS . TO . YOU .

I . WILL . REMAIN
ALWAYS . THE . SAME .

I . WILL . YOU . TREWELIE . SERVE .

I . WISH . THAT . WE . TWO . WERE
A . PAIR
AS . THESE . HAPPY . GLOVES . HERE
ARE .

I . WISH . TO . THEE . ALL . JOIE
MAY . BEE .

POSY-RING MOTTOES

IF . ALL . MANKIND . WOULD . LIVE
  IN . LOVE
THIS . WORLD . WOULD . MUCH . RE-
  SEMBLE . THAT . ABOVE .

IF . I . SURVIVE
  I . WILL . HAVE . FIVE .

IF . I . THINK . MY . WIFE . IS . FAIR
WHAT . NEED . OTHER . PEOPLE
  CARE .

IF . IN . THY . LOVE . THOU . CON-
  STANT . BEE
MY . HEART . SHALL . NEVER . PART
  FROM . THEE .

POSY-RING MOTTOES

IF . YOU . DENY . I . WISH . TO . DIE .

❦

IF . YOU . DENY . THEN . SURE . I DYE .

❦

IF . YOU . LOVE . ME . AS . I . LOVE YOU
NOTHING . CAN . CUT . OUR . LOVE IN . TWO .

❦

IN . CONSTANCIE . I . LIVE AND DYE .

❦

IN . GOD . AND . THEE . ALL . COM-FORT . BE .

POSY-RING MOTTOES

IN . LOVE . AT . NIGHT . IS . MY
DELIGHT .

❧

IN . LOVE'S . DELIGHT . SPEND . DAY
AND . NIGHT .

❧

IN . THEE . A . FLAME
IN . ME . THE . SAME .

❧

IN . THEE . MY . CHOYCE . I . DOE
REJOYCE .

❧

IN . THY . BREAST . MY . HEART
DOTH . REST .

POSY-RING MOTTOES

In . thy . sight . is . my . delight .

🌢

In . trust . be . juste .

🌢

In . unitie . let's . live . and . dy .

🌢

In . weal . and . woe
my . love . I'le . show .

🌢

Innumerable . are . the . stars
I . see .
But . in . my . heart . no . star
like . thee .

POSY-RING MOTTOES

I T . IS . A . PITTY . YOU . SHOULD . WEAR . A . MASK
THIS . IS . THE . REASON . IF . YOU . DO . ASK
BECAUSE . IT . HIDES . YOUR . FACE . SO . FAIR
WHERE . ROSES . MIXT . WITH . LILLIES . ARE
IT . CLOUTS . YOUR . BEAUTY . SO . THAT . WE
YOUR . CHERRY . LIPS . CAN . SELDOM . SEE
AND . FROM . YOUR . FACE . KEEPS . OFF . OUR . EYES
WHICH . IS . INDEED . LOVES . PARADICE .

JOY . AND . CARE . LET . US . TAKE . SHARE .

JOY . DOTH . ABOUND
WHERE . LOVE . IS . FOUND .

POSY-RING MOTTOES

Joy . in . none . but . you . alone .

❦

Joye . day . and . night . bee . our delight .

❦

Keepe . fayth . till . deth .

❦

Kindly . take . this . gift . of mine
For . gift . and . giver . both are . thine .

❦

Knotts . of . love . are . knitt above .

POSY-RING MOTTOES

LET . FRIEND . NOR . FOE . THIS SECRET . KNOW .

❦

LET . LYKINGE . LASTE .

❦

LET . LOVE . ABIDE . TILL . DEATH DIVIDE .

❦

LET . LOVE . DIVINE . OUR . HEARTS ENTWINE .

❦

LET . MEE . IN . THEE . MOST HAPPY . BEE .

POSY-RING MOTTOES

Let·me·serve·till·i·deserve·

❦

Let · me · with · thee · ful happy · be ·

❦

Let · our · contest · bee · who loves · best ·

❦

Let · us · contest · which · shall loue · best ·

❦

Let · us · love like · turtle · dove ·

POSY-RING MOTTOES

Let . us . share . in . joy . and care .

❦

Like . philis . there . is . none she . truely . loves . her choridon .

❦

Live . as . i . or . else . i . dye

❦

Love . and . joye . can . never cloye .

❦

Love . and . pray . night . and daye .

POSY-RING MOTTOES

LOVE . AND . RESPECT . I . DOE EXPECT .

LOVE . AND . WINE . IN . THIS DEGREE
THE . ELDER . BETTER . STILL THEY . BE
SO . OUR . LONG . SUIT . THEN SHALL . BE . TRUE
CHANG . NOT . THY OLD . LOVE FOR . A . NEW .

LOVE . AS . I . OR . ELCE . I . DIE .

LOVE . EVER . OR . LOVE . NEVER .

POSY-RING MOTTOES

Love . him . in . heart . whose joy . thou . art .

❦

Love . I . have . yet . love . I crave .

❦

Love . I . like . thee . sweet requite . me .

❦

Loue . intire . is . my . desire .

❦

Love . is . a . chain
 whose . linkes . of . gold
two . hearts . within
 one . bosom . hold .

POSY-RING MOTTOES

Love . is . sure . where . faith . is . pure .

❦

Love . me . true . as . I . do . you .

❦

Loue . never . dyes . where . vertue . lyes .

❦

Loves . delight . is . to . unite . I . now . do . sue . for . love . to . you .

❦

Lust . loves . to . range . love . knows . no . change .

POSY-RING MOTTOES

MANY · ARE · THE · STARRS · I · SEE
YET · IN · MY · EYE · NO · STARR
LIKE · THEE ·

MEND · YOUR · WAYS · LOVE · ALL
YOUR · DAYES ·

MEMENTO · MEI
WHEN · THIS · YOU · SEE
REMEMBER · ME ·

MINE · EYE · DID · SEE · MY · HEART
DID · CHOOSE
TRUE · LOVE · DOTH · BIND · TILL
DEATH · DOTH · LOOSE ·

POSY-RING MOTTOES

Most · in · mynd · and · yu · myn heart
Lothest · from · you · for · to departt ·

❧

My · dearest · betty · is · good and · pretty ·

❧

My · faith · i bind · where · love i · find ·

❧

My · faith · is · given · this pledge · doth · show
A · work · from · heaven · performed · below ·

POSY-RING MOTTOES

My . Fond . Delight . By . Day . And . Night .

🙼

My . Giving . This . Begins . My . Bliss .

🙼

My . Happy . Choyce . Makes . Mee . Rejoyce .

🙼

My . Hart . And . I . Untill . I . Dy .

🙼

My . Heart . I . Bind . Where . Faith . I . Find .

POSY-RING MOTTOES

MY . HEART . LIUES . WHERE . IT LOUES .

MY . HEART . MY . DEAR . TO THEE . I . GIVE FOR . THEE . TO . KEEP . WHILST BOTH . WE . LIVE .

MY . HEART . YOU . HAVE . AND YOURS . I . CRAVE .

MY . LOVE . FOR . THEE . SHALL ENDLESS . BE .

POSY-RING MOTTOES

MY · LUVE · IS · FIXT · I · CANNOT RANGE
I · LIKE · MY · CHOICE · TO · WELL TO · CHANGE ·

MY · LOVE · IS · TRUE · MY · DEAR TO · YOU ·

MY · LOVE · IS · TRUE TO · NONE · BUT · YOU ·

MY · LOVE · NO · LESS · THEN · I PROFESS ·

POSY-RING MOTTOES

MY . LOVE . THESE . BRACELETS
 TAKE .
 AND . THINK . OF . THEM . NO
HARM
BUT . SINCE . THEY . BRACELETS
 BE
 LET . THEM . IMBRACE . THY
ARM .

🌱

MY . LOVE . TO . THEE . LIKE . THIS
 SHALL . BE .

🌱

MY . LOUE . TO . THEE . SHALL
 ENDLESS . BE .

🌱

MY . LOVE . TO . THEE . SHALL
 EVER . BE .

POSY-RING MOTTOES

MY . PROMISE . PAST . SHALL
ALWAYS . LAST .

NERE . JOY . THE . HEART
THAT . SEEKS . TO . PART .

NO . BITTER . SMART . CAN
CHANGE . MY . HEART .

NO . CROSSE . SO . STRANGE
MY . LOVE . TO . CHANGE .

NO . GIFT . CAN . SHOW
THE . LOVE . I . OW .

POSY-RING MOTTOES

N<small>O</small> . HAP . SO . HARD
AS . LOVE . DEBARD .

🌰

N<small>OE</small> . HEART . MORE . TRUE
THAN . MINE . TO . YOU .

🌰

N<small>O</small> . LOVE . MORE . TRUE . THAN
MINE . TO . YOU .

🌰

N<small>OE</small> . STAR . TO . ME . SOE . BRIGHT
AS . THEE .

🌰

N<small>O</small> . TURTLE . DOVE . HATH
PURER . LOVE .

POSY-RING MOTTOES

Not · lust · but · love · as · time shall · prove ·

Not · thine · nor · mine · but ours ·

Not · two · but · one · till · life be · done ·

Of · all · bad · things · a · heart with · wings ·
is · still · the · worst
and · he · that · meets · with one · so · fleet
of all's accurst ·

POSY-RING MOTTOES

OF . ALL . THE . REST . I . LOVE . THEE . BEST .

OF . RAPTUROUS . JOYE . I . AM . THE . TOYE .

OF . SUCH . A . TREASURE . THEN . ART . THOU . POSSEST
FOR . THOU . HAST . SUCH . A . HEART
IN . SUCH . A . BREST .

ON . THY . RETURN . FROM . SEE
UNITED . WEE . WILL . BEE .

POSY-RING MOTTOES

One . love . one . troth
between . us . both .

One . was . the . bow . one . was
  the . dart
that . wounded . us . both . to
  the . heart
then . since . we . both . do . feel
  one . pain
let . one . love . cure . us . both
  again .

One . word . for . all . I . love
  and . shall .

Parting . is . payne . when
  love . doth . remayne .

POSY-RING MOTTOES

Pray . take . me . kindly . mistress
  kisse . me . too
my . master . sweares
  hele . do . as . much . for . you .

❧

Prepared . be . to . follow . me .

❧

Rather . dye . than . faith
  deny .

❧

Receive . this . sacrifice . in
  part
from . the . altar . of . my
  heart .

POSY-RING MOTTOES

Remember . him . who . died . for . thee
and . after . that . remember . me .

Remember . mee . when . this . you . see .

Remember . this . and . give . a . kisse .

Rings . and . true . friends . are . without . ends .

Rosemary . rose . i . send . to . thee
in . hope . that . thou . wilt . marry . me

POSY-RING MOTTOES

NOTHING . CAN . BE . SWEET . ROSE
MORE . SWEETER . UNTO . HARRY
THEN . MARRY . ROSE
SWEETER . THAN . THIS . ROSE-
MARY .

RYCHES . BE . UNSTABLE
BEUTY . WYLL . DEKAY
BUT . FAITHFULL . LOVE . WYLL
EVER . LASTE
TYL . DETH . DRIVE . ITT . AWAY .

SHE . THAT . OF . ALL . DOTH
LOVE . THE . DEAREST
DOTH . SEND . THEE . THIS . WHICH
AS . THOU . WEAREST
AND . OFT . DO'S . LOOK . ON . THINK
ON . ME
AS . I . BY . THINE . DO . THINK . ON
THEE .

POSY-RING MOTTOES

Since . God . hath . wrought
    this . choice . in . thee
So . frame . thyself . to . com-
    fort . me .

Since . thy . hot . love . so
    quickly's . done
Do . thou . but . goe . I'le . strive
    to . run .

Such . liking . in . my . choice . I
    haue
Nothing . shall . part . us . but
    the . graue .

Sue . is . bonny . blythe . and
    brown
This . ring . hath . made . her
    now . my . own .

POSY-RING MOTTOES

Sweetheart . I . pray . doe . not
say . nay .

❦

Tell . my . mistresse
that . a . lover
true . as . love . itselfe
doth . love . her .

❦

That . friend . is . true . who
treasures . you .

❦

The . eye . did . find . yᵉ . heart
did . chuse
The . hand . doth . bind . till
death . doth . loose .

POSY RING MOTTOES

The · eye · findeth · the · heart chooseth
The · hand · bindeth · and death · looseth ·

The · gift · is · small
but · love · is · all ·

The · love · is · true · that · I
O · U ·

The · loue · that's · chast
doth · never · wast ·

The · ring · shall · tell · I
love · thee · well ·

POSY-RING MOTTOES

The . sight . of . thee . is . ioy . to . me .

❦

There . is . no . iewel . i . can see
like . love . that's . sent . in constancy .

❦

There . is . no . other . and . i am . he
that . loves . no . other . and thou . art . she .

❦

This . and . i . untill . i . die .

POSY-RING MOTTOES

This · for · a · certain · truth
  true · love · approves
the · heart's · not · where · it
  lives · but · where · it · loves ·

※

This · girdle · haply · shall
  be · plac'd
to · compass · round · your · neat
  small · waist
I · were · happy · if · in · this
  place
I · might · thy · slender · waist
  imbrace ·

※

This · hath · no · end · my
  sweetest · friend

※

This · hath · no · end · my
  sweetest · friend
our · loves · be · so · no · ending
  know ·

POSY-RING MOTTOES

THIS . RING . DOTH . BINDE . BODY
AND . MINDE .

❦

THIS . TAKE . FOR . MY . SAKE .

❦

THO' . THE . WORLD . HATH
STRIVED . TO . PART
YET . GOD . HATH . JOYNED . US
HAND . AND . HEART .

❦

THOE . MANY . THOUGHT . US . TWO
TO . SEVER
YET . GOD . HATH . JOYNED . US
TWO . TOGETHER .

POSY-RING MOTTOES

Thou . wert . not . handsom
wise . but . rich
'twas . that . which . did . my
eyes . bewitch .

❦

Though . these . gloves . be
white . and . fair
yet . thy . hands . more . whiter
are .

❦

Thy . consent . is . my . content .

❦

Thy . friend . am . i . and . so
will . dye .

❦

Thy . happy . choyce . makes
me . rejoyce .

POSY-RING MOTTOES

Till . death . depart . you
 haue . my . heart .

❦

Till . death . devide . what
 ere . betide .

❦

Till . that . from . thee
 i hope to gain .
all . sweet . is . sowre
 all . pleasure . pain .

❦

Tis . in . your . will . to . save
 or . kill .

❦

Tis . thy . desert . hath . woone
 my . heart .

POSY-RING MOTTOES

Tis . TRUE . AS . OLD . HOT . LOVE
SOON . COLD .

Tis . VAIN . FOR . TO . RESIST
WOMEN . DO . WHAT . THEY . LIST .

To . BODYES . AND . ON . HARTE .

To . GOD'S . DECREE . WEE . BOTH
AGREE .

To . LIVE . IN . LOVE
I . LOVE . TO . LIVE .

POSY-RING MOTTOES

TO . LOVE . AND . PEACE . GOD
GIVES . INCREASE .

❦

TO . LOVE . AS . I . DO . THEE
IS . TO . LOVE . NONE . BUT . ME .

❦

TO . ME . BY . FAR . MORE . FAIR
IS . MY . FAIR . ANNE
THEN . SWEET . CHEEKT . LEDA
WITH . HER . SILVER . SWAN .

THAT . I . NERE . SAW
BUT . HAVE . THE . PICTURE . SEEN
AND . WISHT . MY . SELF . BETWEEN
THINE . ARMS . SWEET . NAN .

❦

TO . ME . TILL . DEATH
AS . DEAR . AS . BREATH .

POSY-RING MOTTOES

To . thee . i . wish . eternall bliss .

❦

To . thee . my . heart . i . give whilest . i . here . do . live .

❦

To . thee . my . love . i'll . constant . prove .

❦

True . louers . hartes . death only . partes .

❦

Twas . god . to . thee . directed me .

POSY-RING MOTTOES

TWEEN · HOPE · AND · SAD · DESPAIR
   I · SAIL
THY · HELP · I · CRAVE
MY · GRIEF · THE · SEA
THY · BREATH · THE · SAIL
MAY · SINK · OR · SAVE ·

TWO · HEARTS · ARE · KNYTTE · AS
HEAVEN · THOUGHT · FYTTE ·

UNITED · HARTES · DEATH · ONLY
   PARTES ·

VENUS · NAKED · IN · HER · CHAMBER
WOUNDS · MORE · DEEP · THAN · MARS
   IN · ARMOUR ·

POSY-RING MOTTOES

Vertue · and · loue · are · from above ·

❦

Wee · ioyne · our · lou · in · god aboue ·

❦

We · strangely · met · and · so do · many
But · now · as · true · as · ever any ·

❦

What · posies · for · our · wedding · rings ·
What · gloves · we'll · give · and ribainings ·

POSY-RING MOTTOES

WHEN . LOVE . IS . DEAD . MY . JOYS
ARE . FLED .

❦

WHEN . MONEY'S . LOW . THIS
RING . MUST . GO .

❦

WHEN . ROCKS . REMOVE . I'LL
CEASE . TO . LOVE .

❦

WHEN . THIS . ABOUT . THINE . ARM
DOTH . REST
REMEMBER . HER . THAT . LOVES
THEE . BEST .

❦

WHEN . THIS . YOU . SEE . RE-
MEMBER . ME .

POSY-RING MOTTOES

When . you . see . this . give . it a kiss .

❦

Wheare . heartes . agree . no strif . can . be .

❦

Where . hearts . are . true few . words . will . do .

❦

Where . once . I . choose I . ne'er . refuse .

❦

Wilst . life . is . myn . my heart . is . thyn .

POSY-RING MOTTOES

WIT . WEALTH . AND . BEAUTY . ALL . DO . WELL
BUT . CONSTANT . LOVE . DOTH . FAR . EXCELL .

🌹

WITH . HEART . AND . HAND . AT . YOUR . COMMAND .

🌹

WITHIN . THY . BREAST . MY . HARTE . DOTH . REST .

🌹

YOU . AND . I . WILL . LOVE . AND . DIE .

🌹

YOU · AND · I · WILL · LOVERES DYE .

POSY-RING MOTTOES

You · are · my · friend
unto · the · end ·

You are that one
for · whom · alone
my · heart · doth · only · care
then · do · but · joyn
your · heart · with · mine ·
and · we · will · make · a · pair ·

You · never · kneu
a · heart · more · true ·

Your · friend · am · i · ashur-
edly ·

POSY-RING MOTTOES

Your · sight · is · my · delight ·

Yours · loving · friend · till deth · us · end ·

CPSIA information can be obtained
at www.ICGtesting.com
Printed in the USA
LVHW010248190723
752812LV00004B/19